# 남편을 위한
# 무릎 기도문

특별히 _____ 님께

이 소중한 책을 드립니다.

KB211745

# 아내가 지켜야 할 십계명

1. 자신을 아름답게 가꿀 줄 아는 지혜를 기르라.
2. 음식준비는 남편의 식성에 신경을 쓰라.
3. 남편을 인정하는 말을 자주 하라.
4. 타인에게 필요한 만큼만 남편 자랑을 하라.
5. 남편에게 따지고 싶을 때 남편의 상태를 파악하라.
6. 남편에게 적당한 휴식을 제공하라.
7. 중요한 일을 결정할 때는 남편에게 먼저 물으라.
8. 남편의 수입에 맞추어 알뜰한 살림을 하라.
9. 문제가 발생하면 즉각 대응하지 말고
   잠시 멈췄다가 대응하라.
10. 남편의 장점을 발견하고 말해주어
    남편이 긍지를 갖게 하라.

# 부부가 공동으로 지켜야 할 십계명

1. 남편이나 아내나 서로를 타인과
   절대 비교하지 말라.
2. 동시에 두 사람이 화를 내지 말라.
3. 만약 화가 난다면 큰 소리를 내지 말라.
4. 서로가 눈으로 허물을 보지 말고,
   입으로 실수를 말하지 말라.
5. 서로의 아픈 상처를 건드리지 말라.
6. 화가난다고 각 방 쓰지 말고,
   화가 난 상태에서 침실에 들어가지 말라.
7. 서로를 있는 그대로 인정해주라.
8. 갈등이 있어도 대화를 결코 포기 하지 말라.
9. 서로에게 숨기지 말고, 정직하게 표현하라.
10. 부부는 하나님의 섭리로 만들어졌음을 기억하라.

# 지혜로운 아내 십계명

1. 부드러운 말로 잔소리를 하라.
2. 자신을 예쁘게 꾸며라.
3. 집을 깔끔하게 가꾸어라.
4. 맛있는 요리 가짓수를 늘려라.
5. 다른 남편과 비교하지 마라.
6. 혼자만 말하지 마라.
7. 남편에게 감사와 감탄을 자주 해줘라.
8. 남편에게 혼자 있을만한 시간을 줘라.
9. 함께 여행을 다녀라.
10. 남편 취미에 동참하라.

남편을 위한
무릎 기도문

나침반

아내들아
이와 같이 자기 남편에게 순종하라
이는 혹 말씀을 순종하지 않는 자라도
말로 말미암지 않고
그 아내의 행실로 말미암아
구원을 받게 하려 함이니

- 베드로전서 3장 1절 -

# Contents_차례

# 1일

# 남편을
# 성령으로
# 새롭게 하소서

성령에 휩싸이기 위해선
열망과 갈망함과 사모함이 있어야 한다.
-월스비-

"우리를 구원하시되 우리가 행한 바 의로운 행위로 말미암지 아니하고 오직 그의 긍휼하심을 따라 중생의 씻음과 성령의 새롭게 하심으로 하셨나니"(디도서 3:5)

"너희는 너희가 범한 모든 죄악을 버리고 마음과 영을 새롭게 할지어다"(에스겔 18:31)

"그의 영광의 풍성함을 따라 그의 성령으로 말미암아 너희 속사람을 능력으로 강건하게 하시오며"
(에베소서 3:16)

우리와 함께 교제하기를 기뻐하시는 주님을 찬
양합니다.

주님, 제 남편에게 오늘 무엇을 말씀하시기를 원
하시나이까.

남편이 하나님의 마음을 알아 안정된 하루를
보내게 하옵소서.

세상 속의 번잡한 일들로 복잡해지려 할 때 하
나님의 생각을 깨우쳐 주셔서 모든 결정이 주님
안에서 단순하게 하옵소서.

**주님, 남편의 연약함을 도우시옵소서.**

흔들리지 않는 강인한 믿음으로 "너희를 친히
온전하게 하시며 굳건하게 하시며 강하게 하시
며 터를 견고하게"(벧전 5:10) 하시는 주의 성령
의 역사를 의지하게 하옵소서.

**주님, 남편이 정한 마음을 창조하시고,** 정직한 영으로 새롭게 하시는 주님만 바라보게 하옵소서.

"이 세대를 본받지 말고 오직 마음을 새롭게 함으로 변화를 받아 하나님의 선하시고 기뻐하시고 온전하신 뜻이 무엇인지 분별"(롬 12:2)하여 주님의 뜻에 순종하게 하옵소서.

성령님의 새롭게 하심으로 영적인 눈과 귀가 열리게 하셔서 하나님의 깊은 것까지도 통달하는 남편 되게 하소서.

욕심과 야망 앞에 무릎 꿇지 않게 하시고, 주님의 순수한 영혼을 가진 아이 같은 남편이 되게 하소서.

주 예수님의 이름으로 기도합니다. 아멘

## 2일

# 남편이
# 주님을 간절히
# 찾게 하소서

눈물이 눈안에
먼지가 들어가지 않도록 막는 것처럼
성령은 우리 마음에
세상이 들어가지 않도록 막아 주신다.
-무디-

"여호와 하나님이시여 내가 전심으로 부르짖었사오니 내게 응답하소서 내가 주의 교훈들을 지키리이다" (시편 119:145)

"이런 것이 너희에게 있어 흡족한즉 너희로 우리 주 예수 그리스도를 알기에 게으르지 않고 열매 없는 자가 되지 않게 하려니와" (베드로후서 1:8)

"그러나 무릇 여호와 하나님을 의지하며 여호와 하나님을 의뢰하는 그 사람은 복을 받을 것이라" (예레미야 17:7)

존귀하신 주님의 이름을 찬양합니다.

주님, 사람으로부터 오는 즐거움은 잠시 지나는 바람과 같으나 주님으로부터 오는 기쁨은 영원한 것임을 믿습니다.

주님, 바쁜 남편의 일상이 주님을 찾고 만나는 시간을 방해하는 것은 아닌가 염려될 때가 있습니다. 그러나 **어느 순간 어떤 일을 하고 있던지 남편의 곁에는 주님이 동행하고 계심을 압니다.** 그런 주님께 아무 말씀도 드리지 않고 차갑게 대하는 남편이 되지 않도록 붙들어 주옵소서.

"사슴이 시냇물을 찾기에 갈급함 같이"(시 42:1) 남편이 주를 찾기에 갈급한 심령이 되게 하옵소서.

**주님 없이는 아무 결정도 할 수 없는 오직 '주님
바라기' 남편으로 살게 하소서.**

주님을 향하여 손을 펴고 영혼이 마른 땅 같이
주님을 사모하는 깨어있는 남편되게 하소서.

주님 안에서만 모든 것이 존재하고 남편의 삶의
중심점이 주님이시며, 주님의 법을 전심으로 지
키는 남편이 되도록 인도하여 주옵소서.

주님, 하루도 주님과의 깊은 만남을 가지지 않
고는 목마름이 해결되지 않는 남편이 되어서 인
생에서의 진정한 성공을 거두는 남편이 되도록
축복하여 주시기를 간구드립니다.

주인되시는 우리 주 예수님의 이름으로 기도합
니다. 아멘

# 3일

# 남편이
# 그리스도의 형상을
# 닮아가게 하소서

우리의 문제는 하나님을 향해
우리가 너무 약한 것이 아니라
너무 강하다는 것이다.
- 오스왈드 샌더스 -

"하나님이 자기 형상 곧 하나님의 형상대로 사람을 창조하시되 남자와 여자를 창조하시고"(창세기 1:27)

"나의 자녀들아 너희 속에 그리스도의 형상을 이루기까지 다시 너희를 위하여 해산하는 수고를 하노니"
(갈라디아서 4:19)

"우리가 다 수건을 벗은 얼굴로 거울을 보는 것 같이 주의 영광을 보매 그와 같은 형상으로 변화하여 영광에서 영광에 이르니 곧 주의 영으로 말미암음이니라"
(고린도후서 3:18)

**만왕의 왕이신 주님을 찬양합니다.**

주님, 남편이 스스로 주님 안에서의 가치를 발견하게 하옵소서.

주님의 고귀한 형상으로 창조되었으며, 많은 장점을 가지고 있음을 알고 주님을 위한 거룩한 포부로 가득한 남편이 되도록 은혜 베풀어 주옵소서.

가장 아름다운 삶은 주님을 닮아가는 삶임을 깨닫게 하시고, 온유와 사랑과 진리 가운데 행하게 하옵소서.

**주님, 우리를 예수님의 형상을 본받게 하기 위하**여 미리 정하셨음을 믿습니다.(롬 8:29참조)남편의 삶에서 오직 주님이 존귀하게 하시고, "하늘에 속한 이의 형상을"(고전 15:49) 입도록 인도하여 주옵소서.

**남편에게 필요한 진리로 교훈하여 주셔서** 새롭고 거룩한 습관이 몸에 배도록 주관하여 주시고, 영적인 변화의 과정이 지속되게 하셔서 날로 더욱 성숙해지게 하옵소서.

주님, 깊이 주님을 묵상하여 주님의 모습을 실천하는 남편 되도록 성령님께서 도우시옵소서. 결코 눈앞의 이 세상 일이 전부가 아니라 더 큰 나라를 향하여 가는 길목에 있음으로 알고 주님의 형상으로 확신을 가지고 나아가도록 믿음과 용기를 더하여 주옵소서.
주 예수님의 이름으로 기도합니다. 아멘

# 남편의
# 대인관계가
# 원활하게 하소서

친구를 얻는 유일한 방법은
나 스스로가 완전한 친구가 되는 것이다.
-에머슨-

"이로써 네 믿음의 교제가 우리 가운데 있는 선을 알게 하고 그리스도께 이르도록 역사하느니라 그러므로 그리스도 안에 무슨 권면이나 사랑의 무슨 위로나 성령의 무슨 교제나 긍휼이나 자비가 있거든 마음을 같이하여 같은 사랑을 가지고 뜻을 합하며 한마음을 품어 아무 일에든지 다툼이나 허영으로 하지 말고 오직 겸손한 마음으로 각각 자기보다 남을 낮게 여기고 각각 자기 일을 돌볼뿐더러 또한 각각 다른 사람들의 일을 돌보아 나의 기쁨을 충만하게 하라"(빌립보서 2:1-4)

"너희를 불러 그의 아들 예수 그리스도 우리 주와 더불어 교제하게 하시는 하나님은 미쁘시도다"
(고린도전서 1:9)

**은혜 베푸시는 주님을 찬양합니다.**

오늘도 주님의 은혜가 남편에게 넘치도록 임하기를 간구합니다.

주님, 남편이 누구를 만나든지 그 만남으로 유익을 얻게 하소서.

즐거움을 얻고, 살아갈 지혜를 얻고, 우정을 얻고, 에너지를 얻게 하소서.

사회생활의 어려움이 생길 때 만남을 통하여 해답을 얻게 하시며, 고단할 때는 쉼을 얻는 만남으로 이어지게 하소서.

**남편의 연약함을 아시는 주님께서 그것을 이해하고** 채워줄 수 있는 사람을 만나게 하시기를 간구합니다. 그래서 남편의 능력이 더욱 값지게 발휘될 수 있게 하옵소서.

**주님, 다른 사람이 남편을 통하여 귀한 열매를 얻기를 소망합니다.**

도움이 필요할 때 남편과의 협력으로 열 배의 결실이 있게 하시고, 좋은 관계를 통하여 남편의 사회생활이 순탄하게 연결되게 하옵소서.

남편과 만나는 분들이 남편의 장점을 보게 하시며, 누구와도 잘 통할 수 있는 사이가 되도록 주님께서 역사해 주옵소서.

주님, 남편의 주위에 적이 되는 사람이 없게 하시고, 대인관계의 넓이와 깊이를 남편에게 필요한 만큼 채워주옵소서.

남편의 대인관계가 사회생활의 값진 보물이 되어 사용되게 하시기를 간구합니다.

우리와 더불어 교제하기를 기뻐하시는 주 예수님의 이름으로 기도합니다. 아멘

# 5일

# 남편이
# 그리스도인의 역할을
# 잘 감당하게 하소서

제자란 예수 그리스도의 가르침을
배울 뿐만 아니라
자신의 생활 방식으로 받아들이는 자이다
-마크 베일리-

"우리에게 권리가 없는 것이 아니요 오직 스스로 너희에게 본을 보여 우리를 본받게 하려 함이니라"(데살로니가후서 3:9)

"일의 결국을 다 들었으니 하나님을 경외하고 그의 명령들을 지킬지어다 이것이 모든 사람의 본분이니라"(전도서 12:13)

"오직 너희는 그리스도의 복음에 합당하게 생활하라 이는 내가 너희에게 가 보나 떠나 있으나 너희가 한마음으로 서서 한 뜻으로 복음의 신앙을 위하여 협력하는 것과"(빌립보서 1:27)

**남편이 그리스도인이 되도록 은혜 베풀어 주셔서 감사드립니다.**

주님, 남편이 어두운 길을 걷지 않고 주님께서 비추시는 빛을 따라 의의 자녀로 살아가도록 지켜 주옵소서.


주님, 남편이 그리스도인의 참된 삶을 살도록 도우시옵소서.

범사에 주님의 선한 일의 본을 보이며 단정하고 책망할 것이 없는 남편이 되게 하옵소서.

넘어지기 쉬운 걸림돌이 산재해 있는 세상이지만, 말씀으로 무장하여 믿음으로 모든 상황을 극복하게 하시고, 흐트러짐 없는 그리스도인의 모습을 드러내는 남편이 되게 하옵소서.


**모든 상황에 자연스럽게 조화되나 그리스도인의**

합당한 삶에 상반되는 습성에 빠지지 않게 하옵소서.

행여 믿음을 지키려는 남편의 모습이 믿지 않는 사람들의 눈에 거슬려 보이지 않게 하시고, 오히려 남편을 통하여 주님을 믿고 싶은 마음이 생겨나게 하옵소서.
주님, 남편이 자신의 "지체를 의에게 종으로 내주어 거룩함에 이르"(롬 6:19)기까지 주님의 이름을 거룩히 높여 드리기를 소망합니다.
주 예수 그리스도의 이름으로 기도합니다. 아멘

행복한 결혼 생활은..

행복한 결혼생활에
배려와 이해는 필수이며,
인내심은 가지고 다니며
언제든지 사용해야 할 덕목이다.

남편을 위해 기도한지 5일이 지났습니다.
아내로서 기도와 함께 남편을 위해 실천한 사항이 있다면 적어보고, 다음 5일 동안 실천하고 싶은 내용도 적어보세요.

| 횟수 | 날짜 | 실천하고 싶은 내용 |
|---|---|---|
| 회 | | |
| 회 | | |
| 회 | | |
| 회 | | |
| 회 | | |
| 회 | | |
| 회 | | |
| 회 | | |
| 회 | | |
| 회 | | |
| 회 | | |

# 6일

# 남편이
# 어디가나 인정받는
# 사람 되게 하소서

타인에게 존경을 받고 싶으면
먼저 자기 자신을 존경하는 것 즉,
자존감을 가져야 하는 것이다.
-그라시안-

"너는 진리의 말씀을 옳게 분별하며 부끄러울 것이 없는 일꾼으로 인정된 자로 자신을 하나님 앞에 드리기를 힘쓰라"(디모데후서 2:15)

"죄가 있어 매를 맞고 참으면 무슨 칭찬이 있으리요 그러나 선을 행함으로 고난을 받고 참으면 이는 하나님 앞에 아름다우니라"(베드로전서 2:20)

"타인이 너를 칭찬하게 하고 네 입으로는 하지 말며 외인이 너를 칭찬하게 하고 네 입술로는 하지 말지니라"(잠언 27:2)

**존귀하신 주님을 찬양합니다.**

주님, 남편이 이 세상에 존재하는 것만으로도 충분히 소중한 사람임을 알고, 자신을 사랑하고 타인을 배려하게 하옵소서.

자신의 장점을 최대한 활용할 줄 알며, 그것을 통하여 모두를 이롭게 하는 남편이 되게 하옵소서.

하고자 하는 일은 마음껏 펼치고, 하는 과정에서도 결과를 통해서도 함께하는 모든 분들로부터 칭찬 받는 남편이 되게 하시기를 기도합니다. 그래서 매사에 하는 일마다 즐겁고 힘이 나게 하옵소서.

**주님, 남편이 오해나 편견으로부터 고통 받지 않게 하옵소서.**

행여, 그러한 슬픈 시간이 오더라도 아주 잠시 동안만이게 하시고, 남편의 성과가 반드시 인정되어 하나님 앞에 아름다운 고난이 되게 하옵소서.

윗사람으로부터는 인정을, 동료로부터는 존경받는 남편이 되도록 지혜와 총명으로 채워주옵소서.

**그 누구보다도 하나님께 인정 받는 남편이 되어** "그리스도를 섬기는 자는 하나님을 기쁘시기 하며 사람에게도 칭찬 받느니라"(롬 14:18)는 말씀이 남편의 모든 삶에 적용될 수 있도록 은혜 베풀어 주시기를 간구드립니다.

주 예수님의 이름으로 간구합니다. 아멘

# 7일

남편에게
기회의 문을
활짝 열어주소서

나는 계속 배우면서 갖추어 간다.
언젠가는 나에게도
기회가 올 것이기 때문이다.
-링컨-

"내가 다시 해 아래에서 보니 빠른 경주자들이라고 선착하는 것이 아니며 용사들이라고 전쟁에 승리하는 것이 아니며 지혜자들이라고 음식물을 얻는 것도 아니며 명철자들이라고 재물을 얻는 것도 아니며 지식인들이라고 은총을 입는 것이 아니니 이는 시기와 기회는 그들 모두에게 임함이니라"(전도서 9:11)

"구하라 그리하면 너희에게 주실 것이요 찾으라 그리하면 찾아낼 것이요 문을 두드리라 그리하면 너희에게 열릴 것이니"(마태복음 7:7)

"이 징조가 네게 임하거든 너는 기회를 따라 행하라 하나님이 너와 함께 하시느니라"(사무엘상 10:7)

영원히 우리와 함께 계시는 주님을 찬양합니다.

주님, 주님의 은혜가 오늘도 남편에게 넘치도록 임하기를 간구드립니다.

주님, 남편이 주어진 일터 000(직장, 회사, 사업체, 일하는 곳 이름을 넣어서 기도)에서 열정을 다할 수 있게 건강한 육체와 정신을 주옵시고, 남편으로 인해 그곳이 번성케 하옵소서.

하는 일이 지루해지지 않고 도전해보고 싶은 좋은 기회들을 만날 수 있도록 인도해 주시고, 적절한 시기를 만났을 때 포착할 수 있는 순발력도 주시고, 활용할 수 있는 총명함도 허락하옵소서.

**모든 기회를 붙잡고 행하는 데에는 책임이 따름을 아오니, 주님께서 남편에게 겸손함으로 영예를 얻을 수 있도록 은혜 베푸시옵소서.**

"철 연장이 무디어졌는데도 날을 갈지 아니하면 힘이 더"(전 10:10)든다고 하셨사오니, 남편이 배우고 준비하여 주님이 주신 기회를 힘겹게 풀어가지 않도록 도우시옵소서.

**이른 비, 늦은 비를 적당한 때에 내려 주셔서** 적당한 방법을 보이시고 가르치사 "곡식과 포도주와 기름"(신 11:14)과 같은 풍족함을 주시옵소서.

주님, 남편에게 좋은 기회를 주시고, 궁창을 명령하사 하늘 문을 열어 주시어 주님께서 남편과 함께 계심을 만민이 알게 하옵소서.
주 예수님의 이름으로 기도합니다. 아멘

# 남편이
# 어떤 결정이든
# 지혜롭게 하소서

우리가 가진 능력보다
진정한 우리를 훨씬 잘 보여주는 것은
우리의 선택이다.
-조앤 K. 롤링-

아내를 위한 하나님의 말씀

"지혜 있는 자에게 교훈을 더하라 그가 더욱 지혜로워 질 것이요 의로운 사람을 가르치라 그의 학식이 더하 리라"(잠언 9:9)

"그의 손이 하는 일은 진실과 정의이며 그의 법도는 다 확실하니 영원무궁토록 정하신 바요 진실과 정의로 행하신 바로다"(시편 111:7,8)

"여호와 하나님의 말씀이니라 보라 때가 이르리니 내가 다윗에게 한 의로운 가지를 일으킬 것이라 그가 왕이 되어 지혜롭게 다스리며 세상에서 정의와 공의를 행할 것이며"(예레미야 23:5)

**지존하신 주님의 이름을 찬양합니다.**

주님, 남편에게 하나님의 지혜로 열매가 풍성하게 열리도록 역사하여 주옵소서.

"지혜는 그 얻은 자에게 생명나무라 지혜를 가진 자는 복되도다"(잠3:18)

생각과 결정 앞에 먼저 주님의 지혜를 구하고 모든 선택에 하나님께서 기뻐하시는 결과를 얻게 하옵소서.

사람의 기쁨을 따르다보면 주님의 영광을 가릴 수 있고, 경건하지 못한 결과를 얻을 수도 있사오니 주님, 남편이 주님께서 정하신 믿음의 경계를 넘지 않도록 도우시옵소서.

**지금 당장 손해 보는 것 같은 결정이라 할지라도**
주님의 영광을 위해서라면 주저하지 않게 하옵소서. 분명히 언젠가는 더 큰 것으로 채워주실 주님의 인도하심을 기다리는 남편이 되도록 확신을 주소서.

어쩌다 마음이 바빠 생각이 흐려져서 실수라도 한다면, 주님께서 다른 방법으로 보완해 주시고, 서두르지 않고 주님 앞에 진실하고 정의로운 선택으로 세상 모든 사람들에게 주님의 공의가 승리함을 보이게 하옵소서.

**주님, 남편을 하나님의 기업으로 선택하여 주셔서 감사드립니다.**

미련하고 약한 저희들을 택하셔서 주의 나라의 기쁨을 나누어 주시고 주의 유산을 자랑하게 하셨사오니 남편에게 자랑스러운 주님의 백성의 역할을 잘 감당하도록 축복하여 주실 것을 믿습니다.

예수 그리스도의 이름으로 기도합니다. 아멘

# 남편이
# 사람들에게
# 존경 받게 하소서

겸손은
하늘의 아름다움을 펼쳐주는
보이지 않는 뿌리이다
-조지 무어-

"그러나 더욱 큰 은혜를 주시나니 그러므로 일렀으되 하나님이 교만한 자를 물리치시고 겸손한 자에게 은혜를 주신다 하였느니라"(야고보서 4:6)

"겸손한 자는 먹고 배부를 것이며 여호와를 찾는 자는 그를 찬송할 것이라 너희 마음은 영원히 살지어다 (시편 22:26)

"사람이 교만하면 낮아지게 되겠고 마음이 겸손하면 영예를 얻으리라"(잠언 29:23)

"이로써 그리스도를 섬기는 자는 하나님을 기쁘시게 하며 사람에게도 칭찬을 받느니라" (로마서 14:18)

**우리를 높여 주시는 주님을 찬양합니다.**

주님, 남편이 주변 사람들로부터 본받고 싶은 사람이 되게 하옵소서.

마음이 겸손하여 영예를 얻는(잠 29:23참조) 주님의 귀한 사람이 되게 하옵소서.

많은 것을 이룰지라도 모든 것이 주님의 은혜임을 알고 감사하며 더욱 낮아지는 사람이 되어 때가 되면 높이시는 주님의 약속의 말씀을 붙들게 하소서.

**주님, 남편이 일을 하다가 부딪치는 사람을 만나도** "다툼이나 허영으로 하지 말고 오직 겸손한 마음으로 각각 자기보다 남을 낫게"(빌 2:3)여겨야 한다는 말씀을 기억하게 하옵소서.

남편과 함께 일하는 모든 동료들이 '저 사람이라면 믿을 수 있는 사람'이다는 생각을 할 수 있도록 매사에 신중하고, 형평성에 맞게 행동하게 하시고, 자신을 돌아보아 주님께 대하듯 다른 사람들을 대하는 진심을 보이게 하옵소서.

주님, 남편이 높아지려는 유혹이 다가올 때가 있겠지만, 넘어가지 않게 하시고, 먼저 남을 존경하므로 존경받는 아름다운 모습으로 살아가게 하소서.

그리하여 겸손한 자의 소원을 들으시는 하나님 (시 10:17참조)께서 남편의 소망에 귀를 기울여 주사 모든 기도가 응답 받는 복된 삶을 누릴 수 있도록 은혜 베풀어 주옵소서.

가장 낮은 자리까지 내려 오셔서 우리를 사랑하신 예수 그리스도의 이름으로 기도합니다. 아멘

# 10일

## 남편의
## 미래를 위한 확실한
## 목표를 주소서

과거는 지식의 원천이며,
미래는 희망의 원천이다.
과거에 대한 사랑에는
미래에 대한 믿음이 담겨 있다.
-스티븐 앰브로즈-

"네가 이 세대에서 부한 자들을 명하여 마음을 높이지 말고 정함이 없는 재물에 소망을 두지 말고 오직 우리에게 모든 것을 후히 주사 누리게 하시는 하나님께 두며"(디모데전서 6:17)

"네 마음으로 죄인의 형통을 부러워하지 말고 항상 여호와 하나님을 경외하라 정녕히 네 장래가 있겠고 네 소망이 끊어지지 아니하리라"(잠언 23:17,18)

"그러나 진리의 성령이 오시면 그가 너희를 모든 진리 가운데로 인도하시리니 그가 스스로 말하지 않고 오직 들은 것을 말하며 장래 일을 너희에게 알리시리라"
(요한복음 16:13)

언제나 우리를 도우시는 주님을 찬양합니다.

주님, 남편이 미래에 대한 소망으로 오늘도 힘차게 주어진 일을 감당하기를 원합니다.

남편의 희망이 누구나 원하는 평범한 삶이라 할지라도 모든 계획은 주님 안에서 세워지고 이루어지게 하옵소서.

"주님에게 자기의 소망을 두는 자"(시 146:5)가 되어 "복이 있도다"는 말씀이 남편에게 선포되게 하소서.


주님, 남편이 가족을 위한 소망, 일의 성취를 위한 계획, 개인적으로 원하는 것들 모두 구체적인 계획을 가지고 확신 있게 나아갈 수 있도록 주님께서 인도해 주시기를 기도합니다.

하나님께서 함께 하시니 두려울 것이 없다는 담대한 믿음으로 열심히 최선을 다할 때 만족할 만한 결과를 얻게 하여 주옵소서.


주님, 가끔은 생각만큼 결과가 주어지지 않아도 지나간 일에 얽매이지 않고 내일을 향한 목표를 잃어버리지 않고 끝까지 걸어갈 수 있는 멋진 남편이 되도록 앞에서 이끄시고 뒤에서 버팀목이 되어 주옵소서.

"내 영혼아 네가 어찌하여 낙심하며 어찌하여 내 속에서 불안해 하는가 너는 하나님께 소망을 두라 그가 나타나 도우심으로 말미암아 내가 여전히 찬송하리로다"(시 42:5)

주 예수님의 이름으로 간구합니다. 아멘

결혼하고 싶다면?

결혼하고 싶다면 이렇게 자문해 보라.
'나는 이 사람과 늙어서도
대화를 즐길 수 있는가?'
결혼생활의 다른 모든 것은 순간적이지만,
함께 있는 시간의 대부분은 대화를 하게 된다.

実

# 실천 사항 점검

남편을 위해 기도한지 10일이 지났습니다.
5일 동안 기도와 함께 실천한 내용과 이후 5일 동안 실천하고 싶은 내용을 적어보세요.

| 횟수 | 날짜 | 실천하고 싶은 내용 |
|---|---|---|
| 회 | | |
| 회 | | |
| 회 | | |
| 회 | | |
| 회 | | |
| 회 | | |
| 회 | | |
| 회 | | |
| 회 | | |
| 회 | | |
| 회 | | |
| 회 | | |

# 11일

## 남편이
## 피곤을 느끼지 않고
## 새힘 숫게 하소서

우리는 실패하고 난 뒤에야
일하시는 분이 우리가 아니라
하나님이심을 안다.
- 제임스 보이스-

"네가 길이 멀어서 피곤할지라도 헛되다 말하지 아니함은 네 힘이 살아났으므로 쇠약하여지지 아니함이라"(이사야 57:10)

"그것을 네 눈에서 떠나게 하지 말며 네 마음 속에 지키라 그것은 얻는 자에게 생명이 되며 그의 온 육체의 건강이 됨이니라"(잠언 4:20-22)

"너희는 약한 손을 강하게 하며 떨리는 무릎을 굳게 하며 겁내는 자들에게 이르기를 굳세어라, 두려워하지 말라, 보라 너희 하나님이 오사 보복하시며 갚아 주실 것이라 하나님이 오사 너희를 구하시리라 하라"(이사야 35:3,4)

**능력과 힘을 주시는 주님을 찬양합니다.**

주님, 남편이 주님께서 주신 능력과 힘을 온전히 발휘하게 하옵소서. 장애물 때문에 전진하지 못하는 일이 없도록 앞길을 열어 주옵소서.

피곤이나 낙심, 스트레스는 주님의 권세로 날려 주시고 남편이 주님을 앙망하므로 새 힘을 얻을 수 있도록 역사하여 주옵소서.

"약한 손을 강하게 하시며 떨리는 무릎을 굳게"(사 35:3)하시는 주님의 도우심을 의지함으로 어떤 어려운 상황에서도 힘을 잃지 않도록 인도하여 주옵소서.


**주님, 남편에게 기쁨과 감사가 마음에서 떠나지 않게 하소서.**

지칠 때에는 감사함으로 쉬어가고 좋은 결과물을 얻었을 때는 기쁨으로 주님께 찬양을 돌리는 남편이 되게 하옵소서.

"내가 간구하는 날에 주께서 응답하시고 내 영
혼에 힘을 주어 나를 강하게 하셨나이다"(시
138:3)라는 고백을 날마다 드릴 수 있도록 축복
하여 주소서.

**주님, 남편이 너무 많은 욕심으로 지치지 않도록
하소서.**

작든 크든 주신 것에 자족하는 마음을 주셔서
자신의 한계를 넘어서 지나친 무리를 하지 않도
록 항상 깨우쳐 주시기를 간구드립니다.

부와 귀가 주님께로 말미암았으며 모든 사람을
크게 하심과 강하게 하심이 주님의 손에 있음
을 명심하게 하옵소서.

예수님의 이름으로 기도합니다. 아멘

# 남편을
# 갈등으로부터
# 미리 보호해 주소서

우리에게 삶을 위한
공식이나 안내 책자는 없다.
오직 예수님만 있을 뿐이다.
-댄 바우만-

"그 중에 이 세상의 신이 믿지 아니하는 자들의 마음을 혼미하게 하여 그리스도의 영광의 복음의 광채가 비치지 못하게 함이니 그리스도는 하나님의 형상이니라"(고린도후서 4:4)

"근심이 사람의 마음에 있으면 그것으로 번뇌하게 되나 선한 말은 그것을 즐겁게 하느니라"(잠언 12:25)

"하나님의 뜻대로 하는 근심은 후회할 것이 없는 구원에 이르게 하는 회개를 이루는 것이요 세상 근심은 사망을 이루는 것이니라"(고린도후서 7:10)

우리의 생사회복을 주관하시는 주님께 영광을 드립니다.

주님, 오직 주님께서 주신 평안만이 영원한 참평안임을 믿습니다.

그 평안을 우리 남편이 소유하여 호수와 같은 잔잔한 평정 상태를 유지할 수 있도록 지켜 주옵소서.

남편의 마음이 번잡스러워지지 않도록 주님께서 다스려 주시고, 불필요한 걱정이나 고민에 빠지지 않고 전 인생을 주님께 맡기고 나아가는 뿌리가 확고한 남편으로 살게 하여 주옵소서.

주님, 남편이 분쟁이나 다툼에 말려들지 않도록 안전한 길로 인도하여 주소서.

어느 곳에서든지 편을 나누는 일의 중심에 남편이 있지 않도록 도우시며, 화해의 도구로 남편을 사용하여 주소서.

남편이 마음의 근심으로 심령이 상하는 일이 없게 하시며, 즐거움으로 얼굴이 빛나도록 은혜 베풀어 주옵소서.

주님, 그러나 "의를 위하여 고난을 받으면 복 있는 자"(벧전 3:14)라 하셨사오니, 남편이 신앙을 위해서라면 절대 타협하지 않고 어떤 두려움이 찾아올지라도 담대하게 믿음의 편에 설 수 있는 하나님의 자랑스런 아들이 되게 하옵소서.

평강과 화해의 근원이 되시는 예수 그리스도의 이름으로 기도합니다. 아멘

## 13일

# 남편의
# 피할 반석과 요새가
# 되어 주소서

믿음이란
그분의 은혜를 받으려고
팔을 뻗는 것이다.
-조쉬 맥도웰-

"그는 반석이시니 그가 하신 일이 완전하고 그의 모든 길이 정의롭고 진실하고 거짓이 없으신 하나님이시니 공의로우시고 바르시도다"(신명기 32:4)

"주는 나의 은신처이오니 환난에서 나를 보호하시고 구원의 노래로 나를 두르시리이다"(시편 32:7)

"다 같은 신령한 음료를 마셨으니 이는 그들을 따르는 신령한 반석으로부터 마셨으매 그 반석은 곧 그리스도시라"(고린도전서 10:4)

"여호와는 나의 반석이시요 나의 요새시요 나를 건지시는 이시요 나의 하나님이시요 내가 그 안에 피할 나의 바위시요 나의 방패시요 나의 구원의 뿔이시요 나의 산성이시로다"(시편 18:2)

**우리를 지키며 보호하시는 주님을 찬양합니다.**

주님, 우리 남편이 어린아이와 같이 아버지 되시는 주님께 자신을 의탁하게 하옵소서.

스스로 자신을 지키는 것이 아니라 지키시고 보호하시는 분은 주님이심을 늘 명심하게 하소서.

**남편의 가장 안전한 요새가 되어 주시는 주님,**

남편이 주님의 말씀을 듣고 행하며, 약속하신 말씀의 반석 위에 집을 짓게 하소서.

그로 인하여 남편의 발걸음이 견고하게 하시며, 결코 무너지지 않는 삶이 되게 하소서.

어떤 억울한 사정이 생겨도 끌어 올려 주셔서 바로 회복되게 하시고, 주님의 요새 밖으로 한 걸음도 나가지 않는 남편이 되도록 붙들어 주시기를 기도드립니다.

주님의 그늘 아래 있는 남편에게 물과 양식이 끊어지지 않게 공급해 주시며, 이 세상의 어느 누구보다도 넘치는 복으로 채워 주소서. 주님이 인도하신 반석에서 꿀과 기름을 빨게 하시는 역사를 체험하게 하소서.

주님께서 튼튼한 반석과 요새를 제공해 주실 것을 믿고 주님께 진실하게 나아가는 우리 남편 되게 하소서.
예수 그리스도의 이름으로 기도합니다. 아멘

# 14일

## 남편에게
## 건강과 치유를
## 허락하소서

절망과는 되도록 멀리!
행복과는 되도록 가까이!
그게 건강하게 살기 위한 최선의 방법이다.
-키에르케고르-

"그것을 네 눈에서 떠나게 하지 말며 네 마음 속에 지키라 그것은 얻는 자에게 생명이 되며 그의 온 육체의 건강이 됨이니라"(잠4:21,22)

"나는 그들이 병 들었을 때에 굵은 베 옷을 입으며 금식하여 내 영혼을 괴롭게 하였더니 내 기도가 내 품으로 돌아왔도다"(시편 35:13)

"그리하면 네 빛이 새벽 같이 비칠 것이며 네 치유가 급속할 것이며 네 공의가 네 앞에 행하고 여호와 하나님의 영광이 네 뒤에 호위하리니"(이사야 58:8)

**우리의 육체를 주관하시는 주님께 감사합니다.**

주님, 남편에게 생명을 주셔서 감사합니다.

남편의 지금 건강상태를 가장 잘 아시오니 지금
의 상황에서 주님께 드릴 수 있는 최선을 다하
는 남편이 되도록 인도하여 주옵소서.


주님, 남편에게 세상의 많은 질병과 사고로 인한
육체의 고통이 다가오지 않게 하옵소서.

병을 일으키는 세균의 침입을 막아 주시고, 스
트레스나 잘못된 음식습관으로 인하여 얻을 수
있는 질병으로부터 보호하여 주옵소서.

**예기치 않은 사고가 남편에게 닥치지 않게 하시**
며, 주님 만나는 그날까지 손가락 끝 하나도 상
하지 않도록 남편을 철통같이 경호하여 주시기
를 간절히 간구합니다.

세포 하나하나, 모든 장기들을 매일 살펴주셔서

정상적으로 작동되도록 만져 주소서.

주님, 지금 남편이 가지고 있는 약한 부분(이름을 넣어서 기도)은 치유의 은혜를 허락하여 주실 것을 믿습니다.

**의사조차 다 알 수 없는 생명의 신비를 오직 하나님만 아시오니** 능력과 치유의 오른팔을 사용하시어 남편이 약한 부분(이름을 넣어서 기도)이 이전보다 더욱 강건해질 수 있도록 역사하여 주옵소서.

말씀을 "눈에서 떠나게 하지 말며 마음 속에" (잠 4:21) 지키면 육체도 건강해진다 하셨사오니, 주님, 남편이 주님의 말씀을 가까이 하여 건강을 얻을 수 있도록 인도하여 주옵소서.

예수님의 이름으로 기도합니다. 아멘

# 15일

## 남편이
## 후회하는 삶을
## 살지 않게 하소서

최고의 회개란 과거의 죄를 청산하고
똑바로 행동하는 것이다.
-윌리엄 제임스-

"하나님은 사람이 아니시니 거짓말을 하지 않으시고 인생이 아니시니 후회가 없으시도다 어찌 그 말씀하신 바를 행하지 않으시며 하신 말씀을 실행하지 않으시랴"(민수기 23:19)

"하나님의 뜻대로 하는 근심은 후회할 것이 없는 구원에 이르게 하는 회개를 이루는 것이요 세상 근심은 사망을 이루는 것이니라"(고린도후서 7:10)

"깨어 의를 행하고 죄를 짓지 말라 하나님을 알지 못하는 자가 있기로 내가 너희를 부끄럽게 하기 위하여 말하노라"(고린도전서 15:34)

**우리를 창조하신 주님을 찬양합니다.**

주님, 남편이 만족스런 삶을 살고 있는지 점검하게 하소서.

지금의 생활이 만족스럽다면, 누구를 위한 만족인지 되돌아 보고, 주님께서도 기뻐하시는 삶이 되게 하옵소서.


**주님, 남편이 행여 게을러서 시기와 때를 놓치거나, 이래서는 안되는 줄 알면서도 결단하지 못하고 끌려가는 일이 없게 하소서.**

용서할 일은 한시라도 빨리 용서하여 마음의 짐을 떨쳐버리게 하시며, 받아들여야 할 사람이나 일이 있다면 인정하고 받아들이는 결단력이 있게 하소서.

이 모든 일에 사람의 판단이 아닌 하나님의 기쁨을 위하여 내리는 결정이 되도록 남편의 생각과 마음을 지켜 주옵소서.

뒤돌아 보면 자신도 마음 아플 수 있는, 누군가의 마음을 아프게 하거나 길을 막는 일을 하지 않도록 도우시며 오히려 다른 이들의 삶을 도와서 꿈을 이룰 수 있는 다리의 역할을 하는 남편이 되게 하옵소서.

**주님, 남편의 인생의 계획 속에 이루고 싶은 일이 있다면, 나중에 후회하지 않도록 길을 열어주옵소서.** 그러나 욕심이나 사람들의 눈을 의식하지 않고 진정으로 하나님 앞에서 먼저 기도하는 남편이 되도록 인도하소서.
우리를 사랑하시는 예수님의 이름으로 기도합니다. 아멘

## 남자의 심리

남자는 인정받지 못하면
의식적이든 무의식적이든
인정받지 못한 그 행동을 반복한다.
남자의 내면에는 인정받고 사랑 받을 때까지
그 행동을 반복해야 한다는
강박 심리가 자리잡고 있다.
-존 그레이

# 실천 사항 점검

남편을 위해 기도한지 15일이 지났습니다.
5일 동안 기도와 함께 실천한 내용과 이후 5일 동안 실천하고 싶
은 내용을 적어보세요.

| 횟수 | 날짜 | 실천하고 싶은 내용 |
|---|---|---|
| 회 | | |
| 회 | | |
| 회 | | |
| 회 | | |
| 회 | | |
| 회 | | |
| 회 | | |
| 회 | | |
| 회 | | |
| 회 | | |
| 회 | | |
| 회 | | |

# 16일
# 남편에게
# 좋은 친구를 주소서

우리에게 삶을 위한
공식이나 안내 책자는 없다.
오직 예수님만 있을 뿐이다.
-댄 바우만-

"혹시 그들이 넘어지면 하나가 그 동무를 붙들어 일으키려니와 홀로 있어 넘어지고 붙들어 일으킬 자가 없는 자에게는 화가 있으리라"(전도서 4:10)

"범사에 여러분에게 모본을 보여준 바와 같이 수고하여 약한 사람들을 돕고 또 주 예수께서 친히 말씀하신 바 주는 것이 받는 것보다 복이 있다 하심을 기억하여야 할지니라"(사도행전 20:35)

"이로 말미암아 모든 경건한 자는 주를 만날 기회를 얻어서 주께 기도할지라 진실로 홍수가 범람할지라도 그에게 미치지 못하리이다"(시편 32:6)

**항상 함께 하시는 주님을 찬양합니다.**

주님, 남편에게 지혜롭고 본이 되는 사람을 곁에 붙여 주옵소서.

믿음의 길을 가는 남편의 눈을 어둡게 하거나 생각을 흐리게 하는 세상의 악한 습성을 따르는 사람은 가까이 오지 않게 하시고, 주님께서 칭찬하는 사람과 가까이 할 수 있도록 남편의 길을 인도하여 주옵소서.

**주님의 말씀에 귀를 기울여 경건한 모습으로 주님을 만나며** 주님 앞에 진실한 친구를 주셔서 남편이 그 친구로부터 지혜를 얻게 하옵소서.

친구 때문에 주님을 소홀히 하는 일이 없게 하시고, 오히려 더욱 주님을 섬기는 사람이 되기를 원합니다.

남편의 말을 끝까지 들어주고 격려하는 친구를

만나 남편이 그 친구로부터 올바른 판단을 하며 힘을 얻게 하옵소서. **남편이 속마음을 다 털어놓을 수 있는 관대함이 있는 친구를 만나기를 소망합니다.**

주님, 남편이 정금보다 귀하고 보배로운 사람들을 얻어 넘어지려는 어려운 순간에도 붙들어 일으켜 세워주게 하옵소서. 항상 좋은 사람들의 함께 하는 손길을 느끼며 살아가게 하옵소서. 그 누구보다 주님은 남편의 가장 든든한 친구가 되어 주실 줄을 믿습니다.
오늘도 내일도 남편 곁에서 떠나지 마시고, 남편의 손을 꼭 붙들고 동행하여 주옵소서.
예수님의 이름으로 기도합니다. 아멘

# 17일

## 남편에게
## 삶의 만족을 주소서

정해진 해결법 같은 것은 없다.
인생에 있는 것은 진행 중의 힘 뿐이다.
그 힘을 만들어내야 하는 것이다.
그것만 있으면 해결법 따위는
저절로 알게 되는 것이다.
-생텍쥐베리-

"또 여호와 하나님을 기뻐하라 그가 네 마음의 소원을 네게 이루어 주시리로다"(시편 37:4)

"소망이 더디 이루어지면 그것이 마음을 상하게 하거니와 소원이 이루어지는 것은 곧 생명 나무니라"(잠언 13:12)

"바람의 길이 어떠함과 아이 밴 자의 태에서 뼈가 어떻게 자라는지를 네가 알지 못함 같이 만사를 성취하시는 하나님의 일을 네가 알지 못하느니라"(전도서 11:5)

존귀와 영광을 받으시기에 합당하신 주님을 찬
양합니다.

주님, 남편이 의미있는 목표를 가지고 살아가게
하옵소서.

없어질 것에 미련을 두지 않게 하시고, 오직 목
표만을 위하여 세상과 타협하는 삶을 살지 않
게 하옵소서.

남편이 여유를 가지고 만족함을 누리는 삶을
살 수 있도록 은혜 베풀어 주옵소서.

소망과 기쁨으로 성취감을 얻게 하시며, 충분하
게 행복한 마음이 가득하게 하시기를 기도드립
니다.


**감사함과 기대감으로 하루를 시작하게 하시며,**
무거운 마음이나 하기 싫은 일을 억지로 해야
하는 의무감으로 살지 않도록 마음을 주장하여

주소서.

얼굴에는 자신도 모르는 미소를 머금게 하시고, 콧노래가 저절로 흘러나오는 즐거움이 남편에게 가득하기를 간절히 기도합니다.

영혼이 건강하여 긍정의 힘이 넘쳐나고 주위 사람들까지 좋은 기운을 전염시킬 만큼 발걸음이 가볍게 하옵소서.

**무엇을 하든지 그 순간이 가장 소중하고 행복한 순간이 되게 하소서.**

주님, 남편에게 "네가 무엇을 결정하면 이루어질 것이요 네 길에 빛이 비치리라"(욥 22:28)는 말씀을 선포하여 주사 모든 계획을 이루게 하시고, 형통한 길로 인도하여 주옵소서.

우리를 사랑하시는 주 예수님의 이름으로 기도합니다. 아멘

# 18일

## 남편에게
## 두려움과 외로움이
## 다가오지 않게 하소서

극복할 장애와 성취할 목표가 없다면
우린 인생에서 진정한 만족이나
행복을 얻을 수 없다.
-맥스웰 몰츠-

"주께서는 보셨나이다 주는 재앙과 원한을 감찰하시고 주의 손으로 갚으려 하시오니 외로운 자가 주를 의지하나이다 주는 벌써부터 고아를 도우시는 이시니이다"(시편 10:14)

"두려워하지 말고 내게 있으라 내 생명을 찾는 자가 네 생명도 찾는 자니 네가 나와 함께 있으면 안전하리라 하니라"(사무엘상 22:23)

"두려워하지 말라 내가 너와 함께 함이라 놀라지 말라 나는 네 하나님이 됨이라 내가 너를 굳세게 하리라 참으로 너를 도와 주리라 참으로 나의 의로운 오른손으로 너를 붙들리라"(이사야 41:10)

우리를 자녀 삼아 주시고 보호해 주시는 주님께
감사드립니다.

주님, 하루하루를 헤쳐 나가야 되는 고된 일들
가운데서도 남편의 희망은 오직 주님이심을 한
순간도 잊지 않고 담대함으로 나아가게 하옵소
서.

일이 풀리지 않는 것 같은 어려운 마음이 들 때
도 결국에는 주님께서 남편의 편이 되어 주셔서
함께 하실 것을 확신하게 하옵소서.

주님, 남편이 허전하고 쓸쓸한 마음으로 방황하
는 시간을 보내지 않도록 붙들어 주소서.

외로움이 찾아오더라도 잠시잠깐이게 하시고,
결코 혼자가 아님을 알고 훌훌 털고 일어나 부
정적인 생각을 떨쳐버리도록 도우시옵소서.

주님, 남편의 무거운 어깨를 토닥거려 주옵소서.
'내 아들아, 내가 너와 함께 한단다' 라고 속삭
이시고, 힘을 주옵소서.
악한 영이 남편의 마음을 빼앗아 두려움으로
침체되도록 하는 것을 막아주시고, 긍정적으로
모든 일을 해결해 가는 남편이 되도록 은혜 베
풀어 주시기를 기도합니다.

"사랑 안에 두려움이 없고 온전한 사랑이 두려
움을 내쫓는다"(요일 4:18) 하셨사오니 주님을
향한 온전한 사랑이 남편의 중심에서 떠나지 않
게 하시고 가족의 사랑이 웃음이 되게 하소서.
주 예수님의 이름으로 기도합니다. 아멘

# 19일
# 남편이
# 원하는 것을
# 이루게 하소서

내일 일을 훌륭하게 하기 위한
최선의 준비는 바로 오늘 일을
훌륭하게 완수하는 것이다.
-엘버트 허버드-

## 아내를 위한 하나님의 말씀

"당신의 하나님 여호와 하나님께서 우리가 마땅히 갈 길과 할 일을 보이시기를 원하나이다"(예레미야 42:3)

"악인에게는 그의 두려워하는 것이 임하거니와 의인은 그 원하는 것이 이루어지느니라"(잠언 10:24)

"그의 마음의 소원을 들어 주셨으며 그의 입술의 요구를 거절하지 아니하셨나이다"(시편 21:2)

"네 마음의 소원대로 허락하시고 네 모든 계획을 이루어 주시기를 원하노라"(시편 20:4)

**마음의 소원을 이뤄주시는 주님을 찬양합니다.**

주님, 남편이 원하는 모든 것들이 주님 안에서 이뤄지기를 기도합니다.

남편이 어떤 소원을 가지고 있든지 먼저 주님께 무릎 꿇어 간구하게 하시고, 그 소망이 성취되게 하옵소서.

주님을 기뻐함으로 마음의 소원을 이루게 하시고, 모든 행사를 주님께 맡겨 계획하고 목표하는 것들을 모두 얻을 수 있도록 허락하여 주소서.

**남편이 간구하는 가정과 일과 물질과 영적 성장을 위한 많은 기도제목이 하나도 빠짐없이 응답받게 하셔서 살아계신 주님을 찬양하는 남편되도록 인도하여 주옵소서.**

주님, 남편이 원하는 것이 자신의 이기적인 욕심에서 비롯된 것이라면 성령께서 다시 한 번 뒤돌아볼 수 있는 가르침을 주시기를 원합니다.

혹시 구하지 않아서 얻지 못하는 것이 없도록 하시고, 입술의 요구를 거절치 않으시는 주님의 역사를 체험하는 남편 되도록 은혜 베풀어 주옵소서.

육신의 요구와 영적인 절제 사이에서 갈등하지 않도록 남편에게 올바른 분별력을 주시며, '의인은 그 원하는 것이 이루어진다'(잠 10:24참조)는 말씀이 남편에게 살아서 역사하기를 예수님의 이름으로 기도합니다. 아멘

# 20일

## 남편에게 매력적으로 보이는 아내 되게 하소서

사랑 받고 싶다면 사랑하라,
그리고 사랑스럽게 행동하라
-벤자민 프랭크린-

"왕후 에스더가 뜰에 선 것을 본즉 매우 사랑스러우므로 손에 잡았던 금 규를 그에게 내미니 에스더가 가까이 가서 금 규 끝을 만진지라"(에스더 5:2)

"그는 사랑스러운 암사슴 같고 아름다운 암노루 같으니 너는 그의 품을 항상 족하게 여기며 그의 사랑을 항상 연모하라"(잠언 5:19)

"그러나 여자들이 만일 정숙함으로써 믿음과 사랑과 거룩함에 거하면 그의 해산함으로 구원을 얻으리라" (디모데전서 2:15)

**사랑의 주님을 찬양합니다.**

주님, 남편 000(남편의 이름)의 아내가 되어 부부로 살아가게 하심을 감사드립니다.

그러나 주님, 저는 남편에게 아내이기 전에 여자이고 싶습니다. 한 아름다운 여인으로 사랑받고 싶습니다.

주님, 저에 대한 남편의 사랑이 더욱 각별해질 수 있도록 도와주세요.

세월이 흐를수록 우리의 사랑은 더욱 익어가고, 서로를 그리워하는 마음이 더해지기를 소망합니다.

**주님, 제가 어떻게 하면 매력적인 모습으로 보여지고, 소중한 아내의 역할을 감당할 수 있을지 지혜를 더하여 주옵소서.**

매사에 현숙한 여인의 향기가 나며, 정숙하고 사랑스러운 여자가 되도록 외모도 가꾸어 주시고, 내면의 모습도 다듬어져 가도록 은혜 베풀어 주소서.

**왕후 에스더와 같은 신앙과 아리따움을 저에게도 허락하여 주소서.**

주님, 남편에게 사랑스런 아내가 되기 위해 제가 갖추어야 할 덕목이 있다면 잘 알 수 있도록 길을 열어 주소서. 또한 남편의 마음과 눈을 주장하여 주셔서 저를 향한 첫사랑의 열정이 식지 않도록 붙들어 주옵소서.

사랑의 주 예수님의 이름으로 기도합니다. 아멘

서로 사랑하라

그러나 그 사랑으로 구속하지는 말라.
그보다 그대 영혼의 나라들 속에서
출렁이는 바다가 되게 하라.
서로의 잔을 채워주되
한쪽 잔만으로 마시지 말라.
서로의 음식을 주되
더 좋은 한쪽의 음식에 치우치지 말라.
-칼린 지브란

# 실천 사항 점검

남편을 위해 기도한지 20일이 지났습니다.
5일 동안 기도와 함께 실천한 내용과 이후 5일 동안 실천하고 싶은 내용을 적어보세요.

| 횟수 | 날짜 | 실천하고 싶은 내용 |
|---|---|---|
| 회 | | |
| 회 | | |
| 회 | | |
| 회 | | |
| 회 | | |
| 회 | | |
| 회 | | |
| 회 | | |
| 회 | | |
| 회 | | |
| 회 | | |
| 회 | | |

# 21일

# 남편에게
# 자랑스러운 아내되게
# 하소서

우리는 오로지 사랑을 함으로써
사랑을 배울 수 있다.
-아이리스 머독-

## 아내를 위한 하나님의 말씀

"또 이와 같이 여자들도 단정하게 옷을 입으며 소박함과 정절로써 자기를 단장하고 땋은 머리와 금이나 진주나 값진 옷으로 하지 말고"(디모데전서 2:9)

"왕후 와스디를 청하여 왕후의 관을 정제하고 왕 앞으로 나아오게 하여 그의 아리따움을 뭇 백성과 지방관들에게 보이게 하라 하니 이는 왕후의 용모가 보기에 좋음이라"(에스더 1:11)

"여자들도 이와 같이 정숙하고 모함하지 아니하며 절제하며 모든 일에 충성된 자라야 할지니라"
(디모데전서 3:11)

우리의 갈 길을 지도하시는 주님을 찬양합니다.

주님, 남편의 작은 움직임 하나하나까지 모두 간섭하여 주시어 주님의 사랑과 보호를 받게 하소서.

남편이 제 곁에 있다는 것만으로도 감사할 줄 알며, 남편의 전부를 신뢰하는 제가 되기를 소망합니다.

**주님, 남편도 저를 생각할 때 힘이 나고 흡족해서 어깨가 으쓱해지기를 원합니다.** 그만큼 제가 현명하고 자랑스런 아내가 되었으면 좋겠습니다.

남편이 저와 함께 하는 시간을 행복해 하며, 답답했던 일도 아내인 저로 인해 풀리고, 내일의 꿈도 더욱 선명해질 수 있기를 원합니다.

제가 남편을 의지하지만, 남편도 누구 앞에서든 저를 내세우고 싶을 만큼 제가 의지가 되고 위로가 되고 쉼이 되게 하여 주소서.

그러기 위해 저에게 채워져야 할 점이 있다면, 부족한 저를 깨우치시고 말씀해 주옵소서.

**주님, 남편에게 도움이 될 수 있는 일이 무엇인지 그때그때 인도하시고**, 저의 도움이 꼭 필요한 때를 놓쳐서 남편의 어깨에 힘을 빼는 어리석은 아내가 되지 않도록 도우시옵소서.

"명철하여 하나님을 아는 것"(렘 9:24)으로 자랑하여야 함을 명심하고 하나님의 말씀 앞에 순종하고 실천하는 우리 부부 되기를 기도드립니다.

예수 그리스도의 이름으로 기도합니다. 아멘

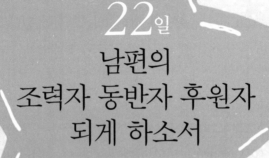

## 22일

# 남편의
# 조력자 동반자 후원자
# 되게 하소서

기쁜 일은 서로의 나눔을 통해
두 배로 늘어나고
힘든 일은 주고받음으로써
반으로 줄어든다.
-존 포웰-

## 아내를 위한 하나님의 말씀

"지혜로운 자와 동행하면 지혜를 얻고 미련한 자와 사귀면 해를 받느니라"(잠언 13:20)

"주 여호와 하나님께서 나를 도우시므로 내가 부끄러워하지 아니하고 내 얼굴을 부싯돌 같이 굳게 하였으므로 내가 수치를 당하지 아니할 줄 아노라"(이사야 50:7)

"이와 같이 성령도 우리의 연약함을 도우시나니 우리는 마땅히 기도할 바를 알지 못하나 오직 성령이 말할 수 없는 탄식으로 우리를 위하여 친히 간구하시느니라"(로마서 8:26)

남편과 동행해 주시는 주님의 은혜에 감사드립니다.

주님, 남편의 필요를 때에 따라 부족하지 않게 채워 주소서. 머리털까지도 세신 바 되시는 주님의 손길을 남편이 느끼며 평안한 마음으로 주어진 일을 감당하도록 도우시기를 기도합니다.

주님, 저는 남편의 훌륭한 돕는 배필이 되기를 원합니다. 남편이 미처 보지 못한 것을 제가 보고 알려 줄 수 있는 선명한 눈을 주시고, 챙기지 못한 것이 있다면 세심하게 도와줄 수 있는 손과 발이 되게 하소서.

**삶의 에너지에 필요한 음식을 제공하고, 함께 걸어야 할 때는 동행하며,** 짐이 무거울 때는 힘을 더해 줄 수 있는 동반자, 후원자가 되게 하소서.

남편을 위해 제가 준비해야 할 덕목을 갖춘 아내가 되게 하시고, 기도로 행동으로 돕게 하소서.

**그러나 주님, 우리 남편에게 가장 확실한 후원자는 주님이심을 믿습니다.**
남편이 온전히 주님을 의지하여 도움이 필요할 때 가장 먼저 주님 앞에 무릎 꿇는 아들되게 하소서. 사람의 힘을 빌리기 전에 하나님의 인도하심에 귀 기울이는 남편 되게 하소서.
주 예수님의 이름으로 기도합니다. 아멘

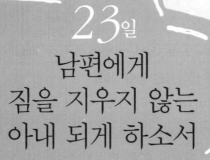

# 23일

## 남편에게
## 짐을 지우지 않는
## 아내 되게 하소서

인간은 스스로 가치를 결정한다.
그리고 자신이 정한 가치만큼 대접 받는다.
자신의 의지에 따라 위대해지기도 하고
초라해지기도 하는 것이다.
-요한 실러-

"너희가 짐을 서로 지라 그리하여 그리스도의 법을 성취하라"(갈라디아서 6:2)

"네 짐을 여호와 하나님께 맡기라 그가 너를 붙드시고 의인의 요동함을 영원히 허락하지 아니하시리로다"
(시편 55:22)

"수고하고 무거운 짐 진 자들아 다 내게로 오라 내가 너희를 쉬게 하리라 나는 마음이 온유하고 겸손하니 나의 멍에를 메고 내게 배우라 그리하면 너희 마음이 쉼을 얻으리니 이는 내 멍에는 쉽고 내 짐은 가벼움이라 하시니라"(마태복음 11:28–30)

**우리의 짐을 대신 져주시는 주님을 찬양합니다.**
주님, 남편에게 어떤 일이든 해낼 수 있다는 확
신을 심어 주소서.
바위같은 과중한 일이 밀려와도 회피하지 않고
주님이 함께 하시니 감당해 낼 수 있다는 용기
와 믿음으로 물러서지 않는 남편 되게 하소서.

주님, 남편을 위하여 제가 먼저 작은 짐이라도
털어버릴 수 있는 시원한 성품과 믿음을 소유하
기를 원합니다. 남편 앞에서 초조해하거나 염려
하는 모습을 보이지 않게 하시고, 남편의 짐을
덜어주는 아내가 되기를 소망합니다.

**남편이 저로 인하여 단비를 만난 것 같은 신선한**
**힘을 얻기를 기도합니다.**
혹시라도 저의 실수나 어리석음으로 인해 남편

의 어깨가 더 무거워지는 일이 없기를 진심으로
간구합니다.

저에게 건강과 지혜와 명철함을 주셔서 슬기롭
게 내조하는 아내가 되게 하소서.

**어렵게 느껴지거나 저의 잘못된 습관으로** 몸에
베이지 않아서 감당하지 못하는 부분은 연습과
반복을 통하여 고쳐나갈 수 있도록 저에게 말
씀하시고 깨우쳐 주옵소서.

제가 가정을 더욱 윤택하고 편안하게 만들어 가
도록 은혜 베풀어 주옵소서.

예수님 이름으로 기도합니다. 아멘

# 24일

# 남편을
# 내 힘으로 변화시키려
# 하지 않게 하소서

누군가에게 그날을
생애 최고의 날로 만들어주는 것은
그리 힘든 일이 아니다.
전화 몇 통, 감사의 쪽지,
몇 마디의 칭찬과 격려만으로 충분하다.
-댄 클라크-

## 아내를 위한 하나님의 말씀

"너희는 이 세대를 본받지 말고 오직 마음을 새롭게 함으로 변화를 받아 하나님의 선하시고 기뻐하시고 온전하신 뜻이 무엇인지 분별하도록 하라"(로마서 12:2)

"그러므로 나는 그들이 복음의 진리를 따라 바르게 행하지 아니함을 보고 모든 자 앞에서 게바에게 이르되 네가 유대인으로서 이방인을 따르고 유대인답게 살지 아니하면서 어찌하여 억지로 이방인을 유대인답게 살게 하려느냐 하였노라"(갈라디아서 2:14)

"내가 그들에게 한 마음을 주고 그 속에 새 영을 주며 그 몸에서 돌 같은 마음을 제거하고 살처럼 부드러운 마음을 주어"(에스겔 11:19)

**주님보다 강한 것은 어디에도 존재하지 않음을 감사합니다.**

주님, 저와 남편이 다른 환경에서 자라 습관, 선호도, 음식, 언어 등 모든 것이 다르지만 한 가정을 이루도록 허락하셔서 감사드립니다.

그러나 때로는 남편의 행동이 저와 너무도 달라 화가 나고 싫을 때가 있습니다.

이해도 안 되고 받아들일 수도 없을만큼 모나 보이는 행동을 할지라도 남편의 있는 그대로를 인정하고 자연스럽게 바라볼 수 있는 제가 될 수 있도록 제 마음을 주장하여 주옵소서.

**남편을 향한 감정은 오직 사랑만 있게 하시고 다**른 나쁜 감정들이 제 마음을 파고들지 않도록 성령께서 전적으로 주장하여 주시기를 간구드립니다.

남편과 제가 다름으로 인해 서로를 공격하는 일이 없게 하셔서 평화로운 가정을 유지할 수 있도록 은혜 베풀어 주소서.

억지로 남편이 나처럼 되게 하려고 바꾸려는 시도를 하려는 어리석은 아내가 되지 않기를 원하며, **서로간의 예의를 지켜 끝까지 존중하며 살게 하소서.**

우리가 서로를 권면해야 할 일은 오직 하나님 말씀으로 살기 위해서이게 하시고, 복음의 진리로 살아가도록 서로에게 유익이 되는 부부가 되게 하소서.

예수 그리스도의 이름으로 기도합니다. 아멘

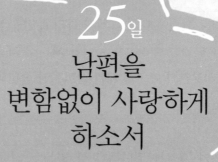

25일

# 남편을
# 변함없이 사랑하게
# 하소서

사랑이란 자기희생이다.
이것은 우연에 의존하지 않는
유일한 행복이다.
-톨스토이-

## 아내를 위한 하나님의 말씀

"온갖 좋은 은사와 온전한 선물이 다 위로부터 빛들의 아버지께로부터 내려오나니 그는 변함도 없으시고 회전하는 그림자도 없으시니라"(야고보서 1:17)

"여호와를 따르는 데에서 돌아서지 말고 오직 너희의 마음을 다하여 여호와를 섬기라"(사무엘상 12:20)

"그는 뜻이 일정하시니 누가 능히 돌이키랴 그의 마음에 하고자 하시는 것이면 그것을 행하시나니"
(욥기 23:13)

"그런즉 믿음, 소망, 사랑, 이 세 가지는 항상 있을 것인데 그 중의 제일은 사랑이라"(고린도전서 13:13)

**좋은 길로 인도하시는 주님을 찬양합니다.**

주님, 기뻐할 때 함께 기뻐하고 슬퍼할 때 나눌 수 있는 마음이 하나 되는 우리 부부가 되게 하소서.

남편의 깊은 속까지도 헤아려 줄 수 있는 속 깊은 아내가 되도록 저를 인도해 주시고 남편의 좋은 점 때문에 결혼을 결심할 수 있었던 처음의 사랑을 지속할 수 있게 하소서.

**주님, 때로는 남편과 의견충돌로 다툴 때도 있지만** 그 순간뿐이게 하시고 감정의 골이 생기지 않도록 붙들어 주옵소서.

날이 갈수록 사랑이 식어지는 것이 아니라 아직 다 주지 못한 사랑이 솟아오르게 하소서.

우리의 사랑의 울타리에 금이 가서 외부의 혼란스러운 영이 틈타지 못하게 하시고, 남편보다 더

사랑하는 분은 오직 하나님 한분이시기를 간절히 간구드립니다.

**주님, 제가 남편을 다른 사람과 비교하지 않게 하소서.**
또한 남편을 무시하거나 단점을 크게 여겨 불만을 갖지 않게 하소서. 나의 삶의 기준을 세워 놓고 그 기준에 부합하는 남편이 되게 해달라는 어리석은 간구를 하지 않게 하소서.
지금의 남편의 모습은 주님께서 주신 가장 최선의 작품임을 명심하고 그런 남편이 곁에 있다는 것에 늘 감사하는 제가 되도록 은혜 베풀어 주옵소서. 주님께서 가장 보잘것 없는 저를 변함없이 사랑하심을 기억하고 본받아 남편을 변함없이 사랑하게 하소서.
예수님 이름으로 기도합니다. 아멘

사랑의 기술

서로의 마음을 주라.
그러나 서로의 마음속에 묶어두지는 말라
함께 서 있으라
그러나 너무 가까이 함께 있지는 않게 하라
사원의 기둥들도 적당한 거리를 두고
서 있는 것처럼 참나무와 편백나무도
서로의 그늘 속에서 자랄 수 없으니...
-칼린 지브란

# 실천 사항 점검

남편을 위해 기도한지 25일이 지났습니다.
5일 동안 기도와 함께 실천한 내용과 이후 5일 동안 실천하고 싶은 내용을 적어보세요.

| 횟수 | 날짜 | 실천하고 싶은 내용 |
|---|---|---|
| 회 | | |
| 회 | | |
| 회 | | |
| 회 | | |
| 회 | | |
| 회 | | |
| 회 | | |
| 회 | | |
| 회 | | |
| 회 | | |
| 회 | | |
| 회 | | |

# 26일

## 남편을
## 좋은 아버지가
## 되게 하소서

부모란 아이들이라는 화살을 쏘기 위해
있어야 하는 활과 같다.
활이 잘 지탱해 주어야만
화살이 멀리 정확히 날아갈 수 있는 법이다
-칼릴 지브란-

## 아내를 위한 하나님의 말씀

"네 모든 자녀는 여호와 하나님의 교훈을 받을 것이니 네 자녀에게는 큰 평안이 있을 것이며"(이사야 54:13)

"누구든지 자기 친족 특히 자기 가족을 돌보지 아니하면 믿음을 배반한 자요 불신자보다 더 악한 자니라"
(디모데전서 5:8)

"그러므로 우리는 기회 있는 대로 모든 이에게 착한 일을 하되 더욱 믿음의 가정들에게 할지니라"(갈라디아서 6:10)

"또 아비들아 너희 자녀를 노엽게 하지 말고 오직 주의 교훈과 훈계로 양육하라"(에베소서 6:4)

**만왕의 왕이신 주님을 찬양합니다.**

주님, 남편과 더불어 한 가정을 이루게 하심을
감사드립니다.

남편이 신뢰받고 존경받는 아빠가 되도록 지혜
를 주시옵소서.

때로는 자상한 아빠가 되어 00(아이의 이름)에
게 포근함을 전해주고, 때로는 엄격한 아빠가
되어 주님의 올바른 법도를 지켜 나가는 아이가
되도록 이끌어주게 하옵소서.


**주님, 남편이 아이와 충분히 대화하는 아빠가 되
게 하옵소서.**

아이의 친구들과 생활, 학교(혹은 유치원, 어린
이집, 직장)에서의 생활에 대해서 아빠에게 즐
겁게 하루생활을 이야기할 수 있는 관계가 되게
하시를 기도합니다.

아이가 속상한 일이 생겼을 때도 아빠에게 허심탄회하게 털어 놓을 수 있도록 남편과 아이의 관계가 누구보다 가까운 사이가 되고, 남편이 아이에게 든든한 버팀목이 되게 하옵소서.

**주님, 남편이 무엇보다 신앙의 올바른 본을 보이는 아빠가 되어 아이가 주님의 기쁨이 되는 아이로 성장하는 밑거름이 되게 하소서.**
오직 주님의 교훈과 훈계로 아이를 양육하여 선악의 기준을 하나님의 말씀으로 명확히 제시하게 하소서.
아이가 아빠로 인하여 좋은 땅에 뿌려진 씨가 되어 삼십 배, 육십 배, 백 배의 결실을 거두는 삶을 살게 하소서.
주 예수님의 이름으로 기도합니다. 아멘

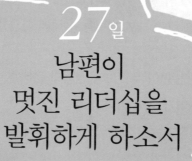

# 27일

# 남편이
# 멋진 리더십을
# 발휘하게 하소서

신자는 하나님이 자신을 위하신다는
확신을 가질 때 영적 능력을 얻는다.
-브라이언 채플-

"그러나 나는 너희가 알기를 원하노니 각 남자의 머리는 그리스도요 여자의 머리는 남자요 그리스도의 머리는 하나님이시라"(고린도전서 11:3)

"너희도 그 안에서 충만하여졌으니 그는 모든 통치자와 권세의 머리시라"(골로새서 2:10)

"길을 여는 자가 그들 앞에 올라가고 그들은 길을 열어 성문에 이르러서는 그리로 나갈 것이며 그들의 왕이 앞서 가며 여호와 하나님께서는 선두로 가시리라"(미가 2:13)

**가장 최고의 리더이신 주님을 찬양합니다.**

주님, 남편에게 내재되어 있는 리더로서의 믿음과 성품이 가정 안에서 드러나도록 하옵소서.

남자로서 강인한 모습을 보여야 할 때 여호수아와 같은 대장의 모습이 되게 하시고, 하나님 앞에 순종함으로 가정을 지켜야 할 때 아브라함처럼 주님의 명령과 규례를 지키게 하소서.

다윗과 같이 주님을 찬양함으로 우리 가정의 주인이신 주님을 기쁘시게 하여 우리 온 가정이 남편의 믿음의 행보를 따르기를 원합니다.

**주님, 남편이 가장 멋진 리더십의 본이 되신 주님의 모습을 본받게 하소서.**

아버지께 순종하고, 제자들을 가르치고, 복음을 위하여 자신을 기꺼이 희생하신 예수님과 같

은 정신으로 가정의 질서를 세워 나가게 하소
서.

주님, 남편의 말 한마디 행동 하나에 주님이 부
여하신 권위가 느껴지게 하소서. 남편에게 나온
말 한마디 행동 하나가 모두 깊은 신앙인의 품
격이 있게 하소서.
**결단력을 발휘해야 할 때 현명한 선택을 하게 하
시고,** 부드럽게 가정을 품어야 할 때 자상한 남
편이 되게 하시며, 가족이 필요로 할 때 언제나
편안하게 다가갈 수 있는 남편이 되게 하시기를
소망합니다.
우리 가정의 머리되신 예수님 이름으로 기도합
니다. 아멘

# 남편이
# 친정식구들과
# 잘 지내게 하소서

가정이 하나님의 말씀에 따라
지배될 때 천사들은
그들과 동거하며 그들의 친구가 될 것이다.
-C.H.스펄전-

## 아내를 위한 하나님의 말씀

"네 부모를 공경하라 그리하면 네 하나님 여호와 하나님이 네게 준 땅에서 네 생명이 길리라 공의의 열매는 화평이요 공의의 결과는 영원한 평안과 안전이라"(출애굽기 20:12)

"내 백성이 화평한 집과 안전한 거처와 조용히 쉬는 곳에 있으려니와"(이사야 32:17,18)

"노엽게 한 형제와 화목하기가 견고한 성을 취하기보다 어려운즉 이러한 다툼은 산성 문빗장 같으니라 사람은 입에서 나오는 열매로 말미암아 배부르게 되나니 곧 그의 입술에서 나는 것으로 말미암아 만족하게 되느니라"(잠언 18:19,20)

**화목의 본을 보여주신 주님을 찬양합니다.**

주님, 우리 부부가 한 가정을 이루어 이전보다 더 큰 가족을 주심을 감사드립니다.

모든 가족이 남편의 후원자가 되고 남편 또한 가족의 기쁨이 되기를 소망합니다.


주님, 남편이 저의 친정식구들과도 본가의 가족들과 같은 친근함을 느끼게 하옵소서.

모든 것을 용납하고 애정을 가지고 교제하며 화목의 중심에 서게 하소서.

**제가 생각하기 전에 먼저 남편이 나서서 친정에 필요한 도움을 주고, 그런 남편 때문에 모두 고마워하고 평안을 얻기를 기도합니다.**

친정식구들도 다른 환경에서 성장한 남편의 모습을 자연스럽게 이해하고 받아들여 친아들처럼 아끼고 사랑하게 하소서.

서로를 위하는 마음이 감동으로 다가와 날이 갈수록 더욱 진한 애정을 갖게 하소서.

**주님, 무엇보다 우리가 주 안에서 참사랑을 나누기를 원합니다.**
주님을 온전히 섬긴다면, 아무리 불편한 일도 믿음으로 극복할 수 있다는 것을 믿습니다.
우리 모두 주님 앞에 겸손하고 자신을 내려놓아 주님의 명령에 따라 움직이는 한 가족이 되게 하소서.
나보다 남을 낮게 여기는 마음을 가져 주님 기쁘시게 하는 삶으로 인도하시기를 간구합니다.
우리를 사랑하시는 예수님 이름으로 기도합니다. 아멘

# 29일

# 남편과
# 다투지 않게
# 하소서

집을 따뜻하게 해주는 것은
뜨거운 난로보다
오히려 부부 사이의 깊은 이해이다.
-마다가스카르의 속담-

## 아내를 위한 하나님의 말씀

"각각 거룩함과 존귀함으로 자기의 아내 대할 줄을 알고"(데살로니가전서 4:4)

"물에 비치면 얼굴이 서로 같은 것 같이 사람의 마음도 서로 비치느니라"(잠언 27:19)

"지혜로운 여인은 자기 집을 세우되 미련한 여인은 자기 손으로 그것을 허느니라"(잠언 14:1)

"아무 일에든지 다툼이나 허영으로 하지 말고 오직 겸손한 마음으로 각각 자기보다 남을 낮게 여기고"(빌립보서 2:3)

**사랑이신 주님을 찬양합니다.**

주님, 요즘 남편에게 속상한 일은 없는지, 상처 받은 일은 없는지, 고달픈 생각은 들지 않는지 제가 알지 못하는 일이 있다면, 주님께서 친구가 되어주셔서 들어주시고, 어루만져 주소서.

**주님, 남편이 주님과 깊은 교제로 성령님과 동행하는 삶을 살게 하소서.**

아내인 저를 대할 때도 주님 편에서 생각하고 저를 올바른 신앙의 길로 인도하게 하셔서 주님이 원하시는 가장의 모습으로 살게 하소서.

저의 행동이 남편의 심정을 거슬리게 하지 않게 하시고, 저의 부족한 부분을 이해하고 덮어 줄 수 있는 아량이 넘치는 남편이 되기를 소망합니다.

만약 화가 나는 말이나 행동을 제가 남편에게 하였다면, 감정을 누르고 바른 훈계로 저를 깨닫게 할 수 있는 권위 있는 남편이 되게 하소서. **충분한 대화로 마음에 앙금이 남아있지 않도록 저희 부부의 마음속 깊은 곳까지 주님께서 주관하여 주옵소서.**

아내인 저에게 존경받는 남편이 되게 하시고, 그런 남편을 세상에서 가장 자랑스럽게 생각하는 제가 되기를 진심으로 기도합니다.
예수님 이름으로 기도합니다. 아멘

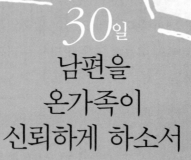

# 30일

# 남편을
# 온가족이
# 신뢰하게 하소서

그리스도인의 가정은 안전한 휴식처요,
기본을 습득하는 학교이며,
하나님이 공경 받는 교회이며,
정과 기쁨이 오가는 처소이다.
-빌리 그래함-

## 아내를 위한 하나님의 말씀

"주께서 심지가 견고한 자를 평강하고 평강하도록 지키시리니 이는 그가 주를 신뢰함이니이다"(이사야 26:3)

"즐거워하는 자들과 함께 즐거워하고 우는 자들과 함께 울라"(로마서 12:15)

"거기 곧 너희의 하나님 여호와 앞에서 먹고 너희의 하나님 여호와께서 너희의 손으로 수고한 일에 복 주심으로 말미암아 너희와 너희의 가족이 즐거워할지니라"(신명기 12:7)

영원한 반석이신 주님을 찬양합니다.

주님, 우리 가족 모두 남편의 존재가치가 얼마나 소중한지 깨닫기를 원합니다.

행여 곁에서 항상 함께 하기 때문에 소홀히 대하는 일이 없도록 하옵소서.

주님, 온 가족이 하나가 되어 누구도 넘볼 수 없는 견고한 가족이 되게 하소서.

**남편이 주님을 단단하게 결속되어 절대로 흔들리지 않게 하소서.**

조금의 틈새라도 생기면 악한 영이 침범할까 두렵사오니, 주님, 강한 폭풍이 불어도, 예기치 않은 비바람이 닥쳐도 가족 간의 신뢰만큼은 결코 깨지는 일이 없게 하소서.

주님, 어쩌다 남편이 실수를 하더라도 믿고 기

다리는 가족이 되기를 원합니다.
그럴수록 더욱 기도로 돕고 마음을 줄 때 이전
보다 형통한 길로 인도하여 주옵소서.

**우리를 끝까지 기다려 주시고 한번 베푸신 사랑
은 변함이 없으신 주님의 모습을 우리 가족 모두
가 본받게 하소서.**
하나님의 은혜로 값 없이 의롭다 하신 주님의
한없는 사랑이 우리 가족과 남편을 지탱하는
이유가 되게 하소서.
예수님 이름으로 기도합니다. 아멘

문을 여는 가정

가정은 가정으로서만 머무르면 안 된다.
물이 잘 흘러들어오는 갯벌처럼
가정이란 항상 외부 공기의 흐름을 위해
문을 열어두어야 한다.
-모로이

# 실천 사항 점검

남편을 위해 기도한지 30일이 지났습니다.
5일 동안 기도와 함께 실천한 내용과 이후 5일 동안 실천하고 싶은 내용을 적어보세요.

| 횟수 | 날짜 | 실천하고 싶은 내용 |
|---|---|---|
| 회 | | |
| 회 | | |
| 회 | | |
| 회 | | |
| 회 | | |
| 회 | | |
| 회 | | |
| 회 | | |
| 회 | | |
| 회 | | |
| 회 | | |
| 회 | | |

**9**

### 남편을 위한
### 무릎 기도문

사랑하는 남편의
신앙, 건강, 성공 등을
이루게 하는 아내의 기도서!

**10**

### 아내를 위한
### 무릎 기도문

아내를 끝까지 지켜주는
남편의 소망, 소원,
행복이 담긴 기도서!

**11**

### 워킹맘의
### 무릎 기도문

좋은 엄마/좋은 직원/
좋은 성도가 되기위해
노력하는 워킹맘의 기도서!

**12**

### 손자/손녀를 위한
### 무릎 기도문

어린 손주 양육에
최선을 다하는
조부모의 손주를 위한 기도서!

**13**

### 자녀의
### 대입합격을 위한
### 부모의 무릎 기도문

자녀 합격을 위한
30가지 주제와
30일간 기도서!

**14**

### 대입합격을 위한
### 수험생 무릎 기도문

수험생을 위한
30가지 주제와
30일간 기도서!

**15**

### 태신자를 위한
### 무릎 기도문

100% 확실한 전도를 위한
30일간의 필수 기도서!

**16**

### 새신자
### 무릎 기도문

어떻게 믿어야 할지 모르는
새신자가 30일 동안 스스로
기도하게 하는 기도서!

**17**

### 교회학교 교사
### 무릎 기도문

반 아이들을 위해
실제로 기도할 수 있게 하는
교회학교 교사들의 필수 기도서!

**18**

### 선포(명령)
### 기도문

소리내 믿음으로 읽기만 해도
주님의 보호, 능력, 축복,
변화와 마귀를 대적하는
강력한 선포기도가 됩니다!

# 남편을 위한
# 무릎 기도문

엮은이 | 편집부와 나정화
발행인 | 김용호
발행처 | 나침반출판사

18판 발행 | 2024년 11월 20일


등 록 | 1980년 3월 18일 / 제 2-32호
주 소 | 07547 서울특별시 강서구 양천로 583
        블루나인 비즈니스센터 B동 1607호
전 화 | 본  사(02)2279-6321
        영업부(031)932-3205
팩 스 | 본  사(02)2275-6003
        영업부(031)932-3207

홈페이지 | www.nabook.net
이 메 일 | nabook365@hanmail.net
일러스트제공 | 게티이미지뱅크| iStock

ISBN 978-89-318-1461-3
책번호 바-1036

값은 뒷표지에 있습니다.